À tous les membres de la famille,

L'apprentissage de la lecture est l'une des réalisations les plus importantes de la petite enfance. La collection *Je peux lire!* est conçue pour aider les enfants à devenir des lecteurs experts qui aiment lire. Les jeunes lecteurs apprennent à lire en se souvenant de mots utilisés fréquemment comme « le », « est » et « et », en utilisant les techniques phoniques pour décoder de nouveaux mots et en interprétant les indices des illustrations et du texte. Ces livres offrent des histoires que les enfants aiment et la structure dont ils ont besoin pour lire couramment et sans aide. Voici des suggestions pour aider votre enfant avant, pendant et après la lecture.

Avant

Examinez la couverture et les illustrations et demandez à votre enfant de prédire de quoi on parle dans le livre.

Lisez l'histoire à votre enfant.

Encouragez votre enfant à dire avec vous les mots et les formulations qui lui sont familières.

Lisez une ligne et demandez à votre enfant de la relire après vous.

Pendant

Demandez à votre enfant de penser à un mot qu'il ne reconnaît pas tout de suite. Donnez-lui des indices comme : « On va voir si on connaît les sons » et « Est-ce qu'on a déjà lu un mot comme celui-là? ».

Encouragez l'enfant à utiliser ses compétences phoniques pour prononcer d'autres mots.

Lorsque l'enfant a besoin d'aide, lisez-lui le mot qui pose problème, pour qu'il n'ait pas trop de mal à lire et que l'expérience de la lecture avec les parents soit positive.

Encouragez votre enfant à lire avec expression... comme un comédien!

Après

Proposez à votre enfant de dresser une liste de mots qui l'intéressent et qu'ils préfèrent.

Encouragez votre enfant à relire ses livres. Il peut les lire à ses frères et sœurs, à ses grands-parents et même à ses toutous. Les lectures répétées donnent confiance au jeune lecteur.

Parlez des histoires que vous avez lues. Posez des questions et répondez à celles de votre enfant. Partagez vos idées au sujet des personnages et des événements les plus amusants et les plus intéressants.

J'espère que vous et votre enfant allez aimer ce livre.

Francie Alexander,
te en lecture
les publications
es de Scholastic

D1509122

À ma tante du Vermont,
Helen Martin McCausland 1909-1998
— J. Marzollo

À mes confidentes :
Kay, Ruth, Cheryl et Dale
— J. Moffatt

Photographie des illustrations en papier découpé de Paul Dyer.

Données de catalogage avant publication (Canada)

Marzollo, Jean
Moi, la neige / Jean Marzollo; illustrations de Judith Moffatt;
texte français de Lucie Duchesne.

(Je peux lire!)
Traduction de : I am snow.
Publ. à l'origine sous le titre : Il neige!
Pour les 3-6 ans.

ISBN 978-0-545-99870-3

1. Neige--Ouvrages pour la jeunesse. I. Moffatt, Judith
II. Duchesne, Lucie III. Marzollo, Jean Il neige! IV. Titre. V. Collection.

QC926.37.M37314 2007   j551.57'84   C2007-901722-3

Édition publiée par les Éditions Scholastic,
604, rue King Ouest, Toronto (Ontario) M5V 1E1.

5 4 3 2 1   Imprimé à Singapour   07 08 09 10 11

Moi, la neige

Texte de Jean Marzollo
Illustrations de Judith Moffatt

Texte français de Lucie Duchesne

Je peux lire! — Sciences — Niveau 1

Éditions
■SCHOLASTIC

Je ne suis pas la pluie.
Je ne tombe pas
goutte
à
goutte.

Je ne suis pas la grêle.
Je ne tombe pas
en faisant des bonds,
des bonds,
encore
des bonds.

Je ne suis pas la glace.
Je ne fais pas crac,
crac,
crac.

Je suis la neige.
Je tombe
        doucement,
        doucement,
        doucement.

Je suis faite de milliers,
de millions,
de milliards
de flocons de neige
qui s'empilent.

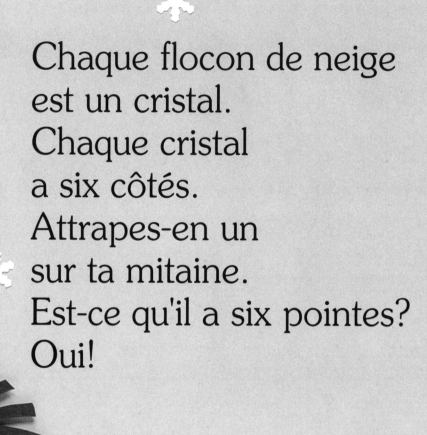

Chaque flocon de neige
est un cristal.
Chaque cristal
a six côtés.
Attrapes-en un
sur ta mitaine.
Est-ce qu'il a six pointes?
Oui!

De loin, tous les flocons
de neige se ressemblent.
Mais de près, tu peux
mieux les voir.
Chacun est différent.

Parfois, la neige est humide
et collante.
Avec la neige humide,
tu peux faire
de beaux bonshommes
de neige.

Et des boules de neige!

Parfois, la neige
est sèche et légère.
C'est facile
de la pelleter.

Pourquoi
aime-t-on la neige?
Parce qu'on peut faire du ski.
On peut faire de la planche
à neige.

On peut faire de la raquette.
On peut glisser.

Les artistes aussi
aiment la neige.
Cette artiste découpe
des flocons de neige dans
du papier de soie.
Pour savoir
comment,
tourne la page.

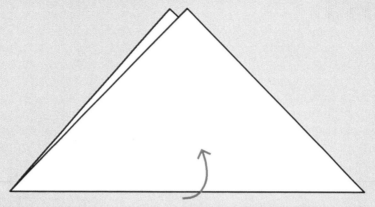

1. Plie un carré de papier de soie
   en deux pour obtenir un triangle.

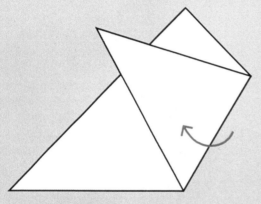

2. Replie
   le coin droit.

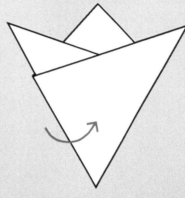

3. Replie le coin
   gauche par-dessus.

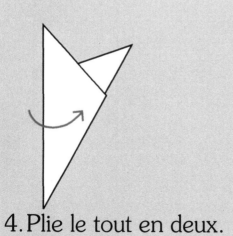

4. Plie le tout en deux.

5. Découpe
   le haut.
   Conserve
   le bas.

6. Taille des morceaux
   dans les trois côtés.

7. Déplie!

Qu'est-ce qui arrive
à la neige froide
quand le temps est doux?
Elle fond.

Tout comme la pluie,
elle tombe
goutte
à
goutte.